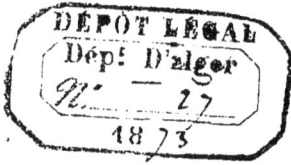

NOTE

SUR

UN RÉCENT ÉPISODE

JUDICIAIRE

PAR

Victor MALLARMÉ

Avocat à la Cour d'appel.

ALGER
IMPRIMERIE DE L'ASSOCIATION OUVRIÈRE, V. AILLAUD ET Cie.

1873

NOTE

SUR UN

RÉCENT ÉPISODE JUDICIAIRE

Le 23 février dernier, les troupes de la garnison d'Alger revenaient d'une revue passée par M. le général Wolf au champ-de-manœuvres.

Elles se croisèrent avec la voiture qui portait les dépêches du Fondouck.

Le conducteur de cette voiture, le sieur Martial Esbert, auquel son cahier des charges et les prescriptions de l'ins-truction générale sur les postes (art. 476) interdisent for-mellement de s'arrêter en route, poursuivait son chemin, gravissant au pas la petite côte de l'hôpital civil, lorsqu'il fut interpellé par M. Rigal, capitaine adjudant-major du 107e, qui lui enjoignit l'ordre de s'arrêter immédiatement.

Le cocher répondit en invoquant sa qualité et ses instruc-tions ; mais M. le capitaine Rigal fut empêché, paraît-il, par le bruit, d'entendre ces explications, et après avoir réitéré par deux fois son ordre, son cheval s'étant engagé entre la voiture d'Esbert et une voiture arrêtée au bord de la route, il se crut en péril et cingla le visage d'Esbert d'un coup de sabre.

Heureusement, Esbert avait à ce moment le visage tour-né, et il n'y eut qu'une longue éraflure de la peau avec excoriation de l'oreille gauche à la mâchoire, sur une lar-geur de 1 centimètre et sur une longueur de 5. Mais le sang coula assez abondamment et Esbert, sous le coup de la douleur cuisante qu'il éprouva, ainsi que de l'exaspération causée par cet acte de violence inattendu, descendit de voiture immédiatement et allant se poster devant M. le capitaine Rigal, il lui dit : « Vous êtes un lâche de m'avoir ainsi frappé à la tête. »

A ce moment, M. le capitaine Rigal fut pris d'un nouvel accès de vivacité : « J'avoue, dit-il en propres termes dans
» sa déclaration, que je fus exaspéré de me voir traité de
» lâche à un pareil moment et en présence de mes soldats.
» Je levai de nouveau mon sabre sur mon insulteur et, cette
» fois-ci, je ne l'aurais pas ménagé, si, par un brusque mou-
» vement de côté, il n'avait évité le coup qui lui était des-
» tiné. Par ce mouvement il se rejeta sur la troupe ; je
» dis : Arrêtez-le... »

Et Martial Esbert, le visage en sang, fut conduit ainsi au milieu de la troupe comme un malfaiteur, jusqu'au boulevard de la République, où M. Rigal le fit remettre en liberté.

Quelle suite l'autorité devait-elle donner à cette pénible petite histoire ?

J'en vois trois possibles pour ma part :

On pouvait : 1° Poursuivre ou punir le capitaine seul qui, bien qu'excusable, avait eu le tort de s'être laissé aller à des mouvements de regrettable vivacité ;

On pouvait : 2° Poursuivre à la fois et le capitaine pour sa violence et le conducteur pour ses outrages ;

On pouvait, enfin : 3° (et c'était bien le parti le plus sage), Ne poursuivre personne, ni le capitaine, ni le conducteur ; la chose avait fait peu de bruit : un journal à peine en avait parlé incidemment ; personne ne pensait plus à l'affaire au bout de quelques jours.

Mais n'ayant que trois partis raisonnables à prendre, on se résolut naturellement à prendre le quatrième, qui consistait à poursuivre le conducteur tout seul, et le 1er mai, c'est-à-dire près de deux mois et demi après la scène de Mustapha, Martial Esbert reçut une citation correctionnelle comme prévenu d'avoir outragé M. le capitaine Rigal.

Lorsque Esbert m'apporta cette citation, ma première pensée, en comparant la date des faits et celle de la citation, fut, je l'avoue, que l'autorité militaire avait pesé sur cette détermination du parquet qui m'étonnait profondément.

Mais ces soupçons se changèrent en conviction, aussitôt que j'eus examiné le dossier de l'affaire.

Je trouvai d'abord à ce dossier : Du 23 au 25 février, trois lettres, l'une de M. le capitaine Rigal, l'autre de M. le colonel du 107e, la troisième de M. le général Letourneur, réclamant toutes trois la rigueur des lois contre Esbert.

Puis l'instruction commencée, je rencontrai à la date du 13 mars, une lettre de M. le procureur général qni demandait des renseignements sur l'état de l'affaire.

Enfin je me trouvai en face d'une violation flagrante de la loi. Aux termes de l'article 127 du code d'instruction criminelle, « aussitôt que la procédure sera terminée, le juge » d'instruction la communiquera au procureur de la Répu- » blique qui devra lui adresser ses réquisitions *dans les trois* » *jours au plus tard.* »

Or, ici l'ordonnance de soit communiqué du juge d'instruction était *du 19 mars.*

Les réquisitions du procureur de la République qui devaient se produire au plus tard le 23 *mars,* n'ont été faites que le 22 *avril* : — Et pourquoi cet incroyable retard ? — Une note écrite et signée par M. le substitut Delacroix l'expliquait : elle portait que le dossier avait été transmis en communication au parquet général *le 20 mars.*

Le dossier était donc resté au parquet général du 20 mars au 22 avril. Pourquoi ? Évidemment ce n'était pas pour prendre des informations ; l'instruction était terminée ; l'officier avouait le coup de sabre ; le conducteur avouait les outrages ; du reste l'affaire avait une importance des plus vulgaires.

Tous ces faits si insolites me confirmèrent donc dans ma première conviction, et je mets en fait qu'il ne se fût pas trouvé un avocat assez peu clairvoyant pour n'être pas persuadé comme moi, par ce simple rapprochement de dates, que des pressions, des influences, s'étaient exercées sur le ministère public dans cette affaire.

Cette conviction, je n'hésitai pas à la déclarer en première instance, où Esbert fut frappé d'une amende de 16 francs, puis en appel, à l'audience du vendredi, 27 juin.

M. Piette, avocat général, releva très-vivement cette assertion : il me dit que j'avais voulu faire du *scandale* ; que le ministère public ne subissait pas d'influences ; qu'il n'écoutait que sa conscience et le sentiment de son devoir, et en raison, dit-il, de ma plaidoirie, il insista avec une grande vigueur sur l'appel *à minimâ* qu'il interjetait à la barre.

La Cour, sans s'arrêter à cet appel, confirma le premier jugement.

Je sortis de l'audience profondément pénétré de l'accent si énergiquement loyal des paroles de M. Piette, et me reprochant presque d'avoir fait fausse route en attribuant une importance quelconque aux cinq semaines que le dossier avait passées en villégiature au parquet de M. le procureur général.

Eh bien ! je me trompais ; mon premier sentiment était le vrai, et il a dû se produire dans cette modique affaire, non pas une simple pression, comme je l'avais pensé et plaidé, mais je ne sais quels incidents d'une nature très-grave. Car voici l'étrange, l'incroyable histoire qui est arrivée le lendemain.

Le samedi matin, à 11 heures, M. Henry Jouyne, secrétaire en chef du parquet de 1re instance, arrive chez moi en grande hâte : il m'annonce qu'on l'accuse des indiscrétions les plus graves commises vis-à-vis de moi et me montre la lettre suivante adressée à son chef :

« Alger, 30 juin 1873.

» Monsieur le Procureur de la République,

» J'apprends que des indiscrétions graves ont été commises à propos de l'affaire Esbert par M. Jouyne, secrétaire de votre parquet.

» Des faits de cette nature peuvent avoir les conséquences les plus fâcheuses et je ne suis pas disposé à les tolérer.

» Je vous prie, en conséquence, de provoquer la démission de M. Jouyne et de me faire des propositions pour son remplacement.

» Veuillez agréer, etc.

» *Le procureur général,*

» Rouchier. »

Cette lecture à peine achevée, je me précipite tout d'un trait au parquet général et me rencontrant avec MM. Rouchier et Piette, au moment où ils en sortaient, je proteste contre cette infâme accusation, j'affirme sur l'honneur que le dossier seul m'a fourni tous les renseignements dont je me suis servi, et je demande très vivement à être confronté avec l'auteur de la dénonciation.

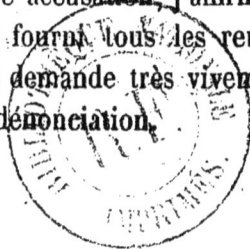

Une heure après, j'adressais à M. le Procureur général la lettre que voici :

« Alger, le 28 juin 1873.

» Monsieur le Procureur général,

» Ainsi que j'ai eu l'honneur de vous le dire quand je vous ai vu ce matin, je vous affirme sur l'honneur que jamais M. Jouyne n'a commis vis-à-vis de moi aucune indiscrétion quelconque, dans l'affaire du sieur Martial Esbert.

» Si j'ai cru pouvoir, à l'audience d'hier, parler de certaines influences qui se seraient produites dans cette affaire, usant ainsi d'un droit dont l'exercice peut être critiqué, mais qui incontestablement appartient à l'avocat d'un prévenu, les seules considérations sur lesquelles se basaient ces paroles, se fondaient sur les pièces mêmes qui sont au dossier.

» Voici, en effet, ce qui se trouve relevé *dans mes notes*, d'après le dossier lui-même :

» L'affaire a lieu le 23 février.

» Les 23, 24, 25 février, lettres de M. le capitaine Rigal, de M. le colonel du 107e et de M. le général Letourneur.

» L'affaire étant en instruction, le 13 mars, lettre de M. le procureur général qui demande des renseignements sur l'état de l'affaire.

» Le 19 mars, ordonnance de soit communiqué de M. le juge d'instruction.

» Le 20 mars, le dossier est transmis à M. le procureur général.

» Le 22 avril, c'est-à-dire seulement près de cinq semaines après, M. le procureur de la République formule son réquisitoire.

» Toutes ces démarches insolites à propos d'une affaire d'aussi mince importance et le rapprochement de ces dates, m'ont inspiré, à tort sans doute, la conviction que j'ai manifestée en appel, comme je l'avais exprimée en première instance (et je n'hésite pas à en appeler sur ce point au témoignage de M. Delacroix et de M. le président Parisot).

» Voilà tout ce qui s'est passé dans cette affaire. La lettre que M. Ronssin a bien voulu me communiquer ce matin, porte que *vous savez* que des indiscrétions ont été commises par M. Jouyne ; comme il est évident que *quelqu'un* vous a affirmé ce fait, je demande instamment à être confronté avec ce *quelqu'un* et cette confrontation aura bien vite un résultat que vous serez à même d'apprécier.

» Veuillez agréer, etc.

« V. MALLARMÉ. »

Cette lettre étant restée sans réponse de la part de M. le Procureur général, je lui en adressai une deuxième que voici :

« Alger, 30 juin 1873.

» Monsieur le Procureur général,

» J'ai eu l'honneur de vous écrire avant-hier au sujet de l'affaire du sieur Martial Esbert, — et je crois vous avoir donné des explications péremptoires, d'une part sur l'accusation mensongère portée contre M. Jouyne, — d'autre part sur la manière dont s'est formée, à tort sans doute, la conviction que j'ai exprimée à l'audience, relativement à cette affaire.

» Je vous ai instamment demandé, Monsieur le Procureur général, de vouloir bien me confronter avec la personne qui vous a fait cette dénonciation calomnieuse contre M. Jouyne.

» Ma lettre est restée sans réponse, et je prends la liberté de m'en étonner auprès de vous.

» Je connais trop la haute gravité de vos fonctions, l'élévation de votre caractère, et votre esprit d'équité et de si constante bienveillance, pour ne pas être persuadé que votre bonne foi a été surprise par une *affirmation* parfaitement *précise* et venant d'une personne qui vous semblait de bonne foi.

» Si une semblable *affirmation* ne s'était pas produite, vous n'eussiez pas ainsi presque expulsé du Parquet un jeune homme tel que M. Jouyne, sans même l'avoir invité à s'expliquer près de vous ou près de son chef immédiat, sans m'avoir demandé, à moi, le moindre renseignement.

» Cette *affirmation*, je tiens à me trouver en face d'elle.

» J'éprouve dans cette affaire le sentiment profond de ma responsabilité vis-à-vis de mon ami dont on a peut-être brisé la carrière en lui imputant aussi témérairement un acte déloyal ; mais cet acte déloyal m'est commun à moi : mon honneur aussi est gravement engagé.

» Si cette accusation est vraie, j'aurais donc, moi, provoqué, peut-être acheté des indiscrétions ! J'aurais abusé de mon amitié pour surprendre ou voler les secrets du ministère public !

» Je ne puis admettre qu'on joue ainsi avec ces choses-là, et je viens solliciter encore une fois de vous, Monsieur le Procureur général, de vouloir bien me mettre en *présence* de la *personne* dont l'*affirmation* a provoqué votre lettre contre M. Jouyne.

» Veuillez agréer, etc.

» V. Mallarmé. »

De son côté, M. Jouyne a envoyé sa démission à M. le procureur de la République ; en voici le contenu :

« Alger, 30 juin 1873.

» Monsieur le Procureur de la République,

» Vous m'avez communiqué une lettre en date du 28 juin
courant, par laquelle M. le procureur général m'accuse
d'avoir commis des indiscrétions dans l'affaire du capitaine Rigal et du sieur Martial Esbert, et vous prie de
vouloir bien provoquer ma démission.

» Me Mallarmé a déjà répondu péremptoirement à cette
accusation. Il en a fait justice de vive voix et par écrit
auprès de M. le procureur général.

» Sans avoir à invoquer ici la confiance et l'estime si pro-
fondes que vous n'avez cessé de me témoigner depuis que
je suis entré à ce parquet, je me contente de répéter avec
Me Mallarmé que cette accusation est une *odieuse calomnie*
et que je défie celui qui l'a soufflée à M. le procureur général d'oser se montrer à découvert.

» Et maintenant, dois-je vous exprimer l'impression
pleine d'amertume que j'ai éprouvée de la conduite qu'on a
tenue à mon égard ! J'ai été accusé, condamné, frappé, sans
qu'on m'ait ni prévenu ni entendu, sans qu'on ait pris au-
cun renseignement, sans qu'on ait provoqué la moindre
explication de Me Mallarmé, ni même de mon chef immédiat, de vous, M le procureur de la République !

» Je ne veux pas qu'une semblable avanie puisse me
blesser encore une fois dans mon honneur, à l'avenir, et je
vous adresse en conséquence ma démission de secrétaire en
chef du Parquet.

» Permettez-moi, en vous quittant ainsi, de vous remer-
cier de la bienveillance affectueuse que vous m'avez toujours montrée et veuillez agréer, etc.

» HENRY JOUYNE. »

Devant cette démission si catégorique et si nettement motivée, devant mes lettres si précises et si insistantes, M. Rouchier sentit qu'il avait fait fausse route l'avant-veille et il crut devoir, le 30 juin au soir, adresser à M. le procureur de la République la lettre que voici, dans laquelle je recommande spécialement au lecteur les deux mots en italique :

« Alger, le 30 juin 1873.

« » Monsieur le Procureur de la République,

» Je suis heureux d'avoir *par vous* l'assurance que les reproches d'indiscrétion adressés à M. Jouyne, votre secrétaire, sont sans fondement : c'était avec un profond regret que je m'étais vu dans la nécessité de provoquer une mesure de rigueur contre le fils d'un ancien collègue pour lequel j'avais la plus sympathique estime.

» Je vous prie de considérer comme non avenue ma lettre du 28 courant, n° 1708.

» Veuillez agréer, etc.

» *Le Procureur général,*
» ROUCHIER. »

Par vous ! Tout le monde comprendra immédiatement la petite perfidie calculée qui se trouve dans ces deux mots et qui n'a d'autre but que de me faire sentir à quelle valeur M. le procureur général Rouchier estime les affirmations et les protestations si énergiques que j'ai opposées immédiatement à sa lettre du 28.

J'avoue que j'en ai ressenti fort peu de chagrin.

Cette lettre n'était qu'une retraite de M. le procureur général, essayant de se dérober à mes importunes et incessantes demandes d'explications.

On comprend que j'ai trouvé la satisfaction médiocre ; aussi lui ai-je adressé, à la date du 2 juillet, la lettre suivante pour lui annoncer ma détermination d'en appeler au public :

« Alger, le 1er juillet 1873.

» Monsieur le Procureur général,

» Je vous ai écrit par deux fois, dans la forme la plus respectueuse pour solliciter de vous une confrontation avec l'auteur, quel qu'il soit, de la dénonciation portée contre M. Jouyne et contre moi.

» A ces deux lettres, vous n'avez répondu que par le silence le plus complet, et je me vois forcé, en conséquence, à mon grand regret, d'appeler la publicité sur cette affaire.

» J'ai toujours, depuis que je suis au barreau, manifesté et pratiqué, tant à Alger qu'à Strasbourg, le plus profond respect pour tous les membres de la magistrature dont j'ai reçu de mon côté, d'incessants témoignages d'estime et de considération.

» Mais ici, je ne puis hésiter : mon honneur et celui de mon ami Jouyne sont trop gravement engagés. Que demain, ou dans six mois, ou dans dix ans, il plaise à quelqu'un qui aura ignoré le mutisme obstiné que vous avez opposé à mes sollicitations, de jeter à la face de l'un de nous, que nous avons trafiqué ensemble des secrets du Parquet, que lui répondrons-nous ?

» Il est donc essentiel que le public soit appelé à apprécier immédiatement cette affaire et à décider, en connaissance de cause, si nous méritons le stigmate dont on a voulu nous flétrir.

» Veuillez agréer, etc.

» V. MALLARMÉ. »

Il n'est pas besoin de dire que, nonobstant la lettre de M. le Procureur général, M. Jouyne a maintenu sa démission : il n'a pu se résoudre à reprendre un poste où l'on est exposé à de semblables accidents.

Maintenant rechercherai-je en finissant, quel peut-être le délateur anonyme, — malveillant ou imprudent, — que M. Rouchier a si obstinément caché sous les plis de sa toge ? — A quoi bon ? — Je pense que le public doit être suffisamment édifié.

Je me contenterai de dire à M. le Procureur général que je regrette pour lui la campagne qu'il vient de faire : je suis convaincu que la lettre n° 1708, cette lettre si injurieuse écrite contre le *fils d'un ancien collègue*, sans lui avoir demandé même un mot d'explication préalable, doit peser cruellement sur la conscience de M. le Procureur général.

Reste à savoir par quel motif il l'a écrite : je ne me charge point, pour ma part, de le démêler ; — le public algérien qui connaît mieux que moi, tout le passé judiciaire et politique de M. Rouchier, n'a qu'à considérer le caractère particulier de l'affaire à propos de laquelle cette esclandre a éclaté et il devinera peut-être.

Alger, 2 juillet 1873.

V. MALLARMÉ.

POST-SCRIPTUM. — Cette note était sous-presse quand, le 2 juillet, à 4 heures, je reçois une lettre de M. le substitut Delacroix qui m'invite à passer au parquet où il a « à me faire une communication qui m'intéresse. »

J'y vais et je m'aperçois que ma lettre du matin a porté coup ; M. Delacroix me dit :

« C'est moi qui suis l'auteur involontaire de cette triste
» histoire.

» Comme, vendredi soir, je me promenais avec M. Piette,
» il me dit que des indiscrétions avaient dû vous être faites
» par le parquet de 1ʳᵉ instance dans l'affaire Esbert, parce
» que vous aviez parlé d'une pression exercée sur le minis-
» tère public. — Alors je lui dis que, votre liaison avec
» Jouyne me faisait penser que lui seul pouvait vous avoir,
» très innocemment, du reste, causé de cette affaire, et je
» lui citai comme présomption à l'appui, ces trois faits :

» 1° M. Jouyne m'avait parlé avant l'audience, du moyen
» que vous entendiez tirer de la violation de l'art. 127 du
» code d'Instruction criminelle.

» 2° M. Jouyne était assis à côté de vous à l'audience de
» 1ʳᵉ instance (*sic*);

» 3° M. Jouyne m'a dit que vous étiez mécontent d'un
» article inexact publié sur l'affaire par l'*Algérie française*,
» et que vous lui auriez dit : « Comme les journaux auraient
» pu trouver là une belle histoire ! »

» Voilà tout ce que j'ai dit. »

Je donne l'explication telle quelle. Maintenant comment
cette réunion dérisoire d'inductions puériles a-t-elle pu de-
venir le lendemain matin l'incroyable lettre n° 1,708 ?

Pour moi je trouve que cette explication ne décharge pas
du tout M. le procureur général Rouchier ; bien au con-
traire.

V. M.

www.ingramcontent.com/pod-product-compliance
Lightning Source LLC
Chambersburg PA
CBHW050422210326
41520CB00020B/6709